Unia Genosis

Einkommensteuererklärung

AF523253

Unia Genosis

Einkommensteuererklärung

elektronisch authentifizierte Übermittlung

Goldene Rakete Verlag für Belletristik

Imprint

Cover image: www.ingimage.com

Publisher:
Goldene Rakete Verlag für Belletristik
is a trademark of
International Book Market Service Ltd., member of OmniScriptum Publishing Group
17 Meldrum Street, Beau Bassin 71504, Mauritius

Printed at: see last page
ISBN: 978-620-2-44577-1

Inhaltsverzeichnis:

I. Versendung:

1. Versendung der Steuererklärung:[1]

Die Steuererklärung wurde erfolgreich versendet!

Versandart: Zertifikatsdatei für ELSTER

Versanddatum: 14.06.2019

Transferticket: Transferticketnummer

Versandnachweis öffnen

Es werden noch Unterlagen separat nachgesandt.

[1] 14.06.2019

2. Versendung der Anlage:[2]

Die Anlage EÜR wurde erfolgreich versendet!

Bezeichnung: Photovoltaikanlage

Versandart: Zertifikatsdatei für ELSTER

Versanddatum: 14.06.2019

Transferticket: Transferticketnummer

Versandnachweis öffnen

Nicht vergessen: Ihre Umsatz- und Gewerbesteuererklärung versenden Sie aus dem Programm-Modul „Gewinnermittlung".

[2] 14.06.2019

II. Belegvorhaltepflicht:

1. Schreiben des Finanzamts:[3]

Aktenzeichen

Steuernummer

Bitte immer angeben!

Einkommensteuererklärung 2018

Sehr geehrte Steuerzahlerin,

zur Bearbeitung Ihrer Steuererklärung benötige ich noch folgende Unterlagen bzw. Angaben:

1. Hinsichtlich der geltend gemachten Unterhaltsleistungen reichen Sie bitte eine Anlage U ein.
2. Für die Ausbildungskosten „Körper-Geist-Seele" reichen Sie bitte eine Kostenaufstellung und entsprechende Nachweise ein.
3. Nachzuweisen sind die Werbungskosten zu steuerbeg. Versorgungsbezügen, dauernde Lasten sowie Aufwendungen für Handwerkerleistungen.

[3] 06.09.2019

Die Verpflichtung zur Beantwortung der Rückfragen und der Ergänzung durch Unterlagen ergibt sich aus §§ 90, 93 und 97 der Abgabenordnung.

Ich bitte bis **spätestens 04.10.2019** um Antwort.

Beachten Sie bitte auch die nachfolgenden Hinweise.

Mit freundlichen Grüßen

Im Auftrag

Finanzamtsangestellter

Anlage(n)

Antwortschreiben

Hinweise

Belegvorhaltepflichten

Vor dem Hintergrund einer bürgerfreundlichen, d.h. elektronischen und weitgehend papierlosen Bearbeitung von Steuererklärungen werden die bisher (noch) bestehenden Belegvorlagepflichten sukzessive in Belegvorhaltepflichten umgewandelt.

Das Finanzamt verzichtet schon jetzt weitgehend auf die Vorlage von Belegen und zusätzlichen Anlagen (Übersichten, Berechnungsblätter o.ä.) bei Abgabe der Steuererklärung. Dennoch kann im Rahmen der Überprüfung Ihrer Steuererklärung durch das Finanzamt die Vorlage einzelner Belege erforderlich sein (z.B. erstmalig vorliegender Sachverhalt, stichprobenweise Überprüfungen). Hierfür bitte ich um Verständnis.

Aussagekräftige Eintragungen in den Steuererklärungsformularen

Sie können aber auch einen Beitrag leisten, um Rückfragen künftig möglichst zu vermeiden. Haben Sie die Steuererklärung in Papierform abgegeben, können in einigen Zeilen der Formulare (z.B. Seite 3 des Mantelbogens unter „Handwerkerleistungen") zusätzliche Erläuterungen wie beispielsweise die Art der Aufwendungen, das Rechnungsdatum oder die Höhe des angefallenen Arbeitslohns eingetragen werden. Nutzen Sie bitte diese Eintragungsmöglichkeiten.

Übermitteln Sie die Steuererklärung bereits elektronisch per Elster, bestehen weitergehende Möglichkeiten, um die Eintragungen zu erläutern. Nutzen Sie diese bitte, um die geltend gemachten Beträge (z.B. Krankheitskosten, Werbungskosten, Spenden, Handwerkerleistungen) aussagekräftig darzustellen.

Auch können hier mehrere Einzelbeträge aufgeschlüsselt und erläutert werden.

Beispiel: Bei den Krankheitskosten empfiehlt es sich neben der Höhe der Zahlung auch die Art der Leistung, Arzt und Zahlungstag einzutragen.

Zahnbehandlung vom 16.12. des Vorjahres (Dr. Mayer), Eigenbeteiligung 1.425 €.

Auch bei den Spenden sollten Zahlungsempfänger und jeweils der Tag der Zahlung eingetragen werden.

Durch Ihre Eintragungen können Sie einen Beitrag zu einem effizienten Besteuerungsverfahren leisten und nachträgliche Beleganforderungen durch das Finanzamt reduzieren. Ganz entfallen werden diese aber auch künftig nicht. Eine elektronisch übermittelte Steuererklärung bietet im Hinblick auf eine möglichst aussagekräftige Darstellung wesentliche Vorteile gegenüber der Steuererklärung in Papierform.

4. Schreiben des Finanzamts:[4]

Aktenzeichen

Steuernummer

Bitte immer angeben!

Erinnerung an die Abgabe der Steuererklärung:

Schätzung der Besteuerungsgrundlagen

Sehr geehrte Steuerzahlerin,

Sie haben folgende Steuererklärung bisher noch nicht abgegeben:

- Umsatzsteuererklärung 2018

Das Veranlagungsverfahren konnte deshalb noch nicht durchgeführt werden. Die Besteuerungsgrundlagen müssen gemäß § 162 Abgabenordnung (AO) geschätzt werden, falls die Steuererklärung nicht bis **spätestens 04.10.2019** vorliegt. Nach dem 02.09.2019 abgegebene Erklärungen konnten bei diesem Schreiben nicht mehr berücksichtigt werden.

[4] 06.09.2019

Vorsorglich weise ich Sie darauf hin, dass

a) die Schätzung sich an der oberen Grenze des in Betracht kommenden Schätzungsrahmens ausrichten kann;
b) wegen Nichtabgabe oder verspäteter Abgabe von Steuererklärungen gem. § 152 AO ein Zuschlag bis zu 10 v.H. der festgesetzten Steuer erhoben werden kann. Die Höhe des Verspätungszuschlages ist unter anderem von dem Grad der Pflichtverletzung und der Dauer der Fristüberschreitung abhängig;
c) die Verpflichtung zur Abgabe einer Steuererklärung auch nach einer Schätzung der Besteuerungsgrundlagen bestehen bleibt.
d) die aus der Schätzung sich ergebende Steuerforderung ein Monat nach Bekanntgabe fällig wird und erforderlichenfalls im Vollstreckungswege beigetrieben wird.
e) zur Abgabe der Steuererklärung ein Zwangsgeldverfahren durchgeführt werden kann.

Es liegt daher auch in Ihrem Interesse, die Steuererklärung sobald wie möglich einzureichen.

Mit freundlichen Grüßen

Ihr Finanzamt

5. Schreiben an das Finanzamt:[5]

Steuernummer

Sehr geehrte Damen und Herren,

am 14.05.2019 habe ich per ELSTER sowohl meine Einkommenssteuererklärung als auch die Anlage EÜR „erfolgreich versendet".

Bitte teilen Sie mir mit, ob Sie für die Bearbeitung noch weitere Unterlagen benötigen.

Mit freundlichem Gruß

Stuerzahlerin

[5] 10.09.2019

6. Schreiben des Finanzamts:[6]

Sehr geehrte Dame, sehr geehrter Herr,

Ihre E-Mail ist beim Finanzamt angekommen und wird an die zuständige Stelle weitergeleitet.

Mit freundlichen Grüßen

Ihr Finanzamt

---

[6] 10.09.2019

7. Schreiben an das Finanzamt:[7]

Aktenzeichen

Steuernummer

Sehr geehrter Herr Finanzamtsangestellter,

Ihre beiden Schreiben vom 06.09.2019 wurden mir mit heutiger Post zugestellt.

Anbei sende ich Ihnen die erbetenen Anlagen, Auflistungen und Kostenaufstellungen:

1. Anlage U
2. Kostenaufstellung für Ausbildungskosten 2018
3. a) Aufwendungen für Handwerker / Handwerk 2018
   b) Aufstellung dauernde Lasten 2018
   c) Werbungskosten zu steuerbegünstigten Versorgungsbezügen 2018

Die Umsatzsteuererklärung 2018 werde ich umgehend nachreichen.

Mit freundlichen Grüßen

Steuerzahlerin

[7] 12.09.2019

8. Schreiben an die Finanzverwaltung:[8]

Steuernummer

Kalenderjahr 2018

Umsatzsteuererklärung

Allgemeine Angaben

Steuerpflichtige Lieferungen

Verbleibende Umsatzsteuer / Verbleibender Überschuss

Noch an die Finanzkasse zu entrichten – Abschlusszahlung / Erstattungsanspruch

Formular absenden

Bitte überprüfen Sie noch einmal Ihre Angaben.

Im Anschluss können Sie unten das Formular absenden.

---

[8] 13.09.2019

9. Versandbestätigung:[9]

Formular wurde versendet

Transferticket: Transferticketnummer

Auftrag: Umsatzsteuererklärung 2018

Ordungskriterium: Steuernummer

Abgabezeit: Freitag, 13. September 2019

Bitte beachten Sie:

Über den Status der übermittelten Formulare erhalten Sie in bis zu 2-3 Tagen eine Rückmeldung in **Mein Posteingang**.

Ihre übermittelten Daten finden Sie in **Übermittelte Formulare**.

Ihre Formularangaben wurden für eine spätere Nutzung gespeichert.

Sie können diese Angaben jederzeit beim Betreten eines neuen Formulars für das gleiche oder folgende Jahre übernehmen.

[9] 13.09.2019

10. Schreiben der Finanzamtverwaltung:[10]

Sehr geehrte Steuerzahlerin,

in Ihrem Mein ELSTER Posteingang befindet sich eine neue Nachricht für Sie.

Betreff: Bestätigung der Annahme USt 2018

Absender: Finanzamt

Datum: 13.09.2019

Sie können Sie unter: https://www.elster.de/eportal/abrufen.

Mit freundlichen Grüßen

Ihre Finanzverwaltung

Dies ist eine automatisch generierte Nachricht, bitte antworten Sie nicht an diesen Absender.

Falls Sie Fragen zu Mein ELSTER oder zur Verwendung des ElsterAuthenticator haben, durchsuchen Sie bitte zuerst unsere FAQ (häufig gestellte Fragen): https://www.elster.de/eportal/star?themaGlobal=help_eop_ oder fragen Sie unseren Info-Assistenten: https://elias.elster.de/nmIQServer/index.html

[10] 13.09.2019

Finden Sie dort keine Antwort auf Ihre Frage erhalten Sie eine Übersicht der Ansprechpartner unter https://www.elster.de/eportal/infoseite/kontakt

Sollten Sie den Link in dieser E-Mail nicht anklicken können, kopieren Sie ihn bitte vollständig in die Adresszeile Ihres Browsers und betätigen Sie anschließend die Eingabetaste.

III. Steuerbescheid:

1. Schreiben der Finanzamtverwaltung:[11]

Sehr geehrte Damen und Herren,

für Sie wird von Ihrem Finanzamt bzw. Ihrer Finanzbehörde über das Verfahren ELSTER in Kürze eine verschlüsselte Datei mit allen wesentlichen Daten zum Einkommensteuerbescheid 2018 zur Abholung bereitgestellt.

Sie können diese Datei über die entsprechende Funktion Ihres Steuerprogramms ab dem 23.10.2019 auf Ihren PC herunterladen!

Sollten Sie die Daten nicht abholen, so werden diese nach 6 Monaten automatisch gelöscht.

..

Bürgerbefragung der Finanzämter? Ihre Meinung zählt!

Sie können für Ihr Finanzamt ein Feedback abgeben und so dazu beitragen, die Bürgerfreundlichkeit in der Finanzverwaltung zu verbessern.

Nehmen Sie Teil unter www.ihr-finanzamt-fragt-nach.de

..

[11] 23.10.2019

Dies ist eine automatisch generierte E-Mail – bitte antworten Sie nicht an diese Mailadresse.

Mit freundlichen Grüßen

Ihr Finanzamt / Ihre Steuerverwaltung

www.elster.de

HINWEIS:

Sie erhalten diese E-Mail, weil Sie bei der Datenübermittlung z.B. Ihrer Steuererklärung die Mailbenachrichtigung auf diese E-Mailadresse gewünscht haben.

Bei Steuerbescheiden ist allein die Papierausfertigung rechtlich relevant.

2. Schreiben an die Finanzverwaltung:[12]

Sehr geehrte Damen und Herren,

in meinem Postfach findet sich lediglich folgende Nachricht vom 13.09.2019: Bestätigung der Annahme USt 2018.

Mit nochmaliger Bitte um postalische Zusendung der Papierausfertigung an meine Ihnen bekannte Anschrift.

Mit freundlichen Grüßen

Steuerzahlerin

[12] 23.10.2019

3. Schreiben des Finanzamts:[13]

Steuernummer

Bescheid für 2018 über Umsatzsteuer

Festsetzung und Abrechnung

Festsetzung

Abrechnung

Besteuerungsgrundlagen

Berechnung der Umsatzsteuer

Steuerpflichtige Lieferungen, sonstige Leistungen und unentgeltliche Wertabgaben

Umsätze zum allgemeinen Steuersatz

Erläuterungen

[13] 23.10.2019

Rechtsbehelfsbelehrung

Die Festsetzung der Umsatzsteuer kann mit dem Einspruch angefochten werden.

Der Einspruch ist bei dem vorbezeichneten Finanzamt oder bei der angegebenen Außenstelle schriftlich einzureichen, diesem / dieser elektronisch zu übermitteln oder dort zur Niederschrift zu erklären.

Ein Einspruch ist jedoch ausgeschlossen, soweit dieser Bescheid einen Verwaltungsakt ändert oder ersetzt, gegen den ein zulässiger Einspruch oder (nach einem zulässigen Einspruch) eine zulässige Klage, Revision oder Nichtzulassungsbeschwerde anhängig ist. In diesem Fall wird der neue Verwaltungsakt Gegenstand des Rechtsbehelfsverfahrens. Dies gilt auch, soweit sich ein angefochtener Vorauszahlungsbescheid durch die Jahressteuerfestsetzung erledigt.

Die Frist für die Einlegung eines Einspruchs beträgt einen Monat.

Sie beginnt mit Ablauf des Tages, an dem Ihnen dieser Bescheid bekannt gegeben worden ist. Bei Zusendung durch einen einfachen Brief gilt die Bekanntgabe mit dem dritten Tag nach Aufgabe zur Post als bewirkt, es sei denn, dass der Bescheid zu einem späteren Zeitpunkt zugegangen ist.

Zu Ihrer Information:

Wenn Sie beabsichtigen, einen Einspruch elektronisch einzulegen, wird empfohlen, den Einspruch über „Mein ELSTER“ (www.elster.de) oder jede andere Steuer-Software, die die Möglichkeit des elektronischen Einspruchs anbietet, zu übermitteln.

4. Schreiben des Finanzamts:[14]

Steuernummer

Bescheid für 2018 über Einkommenssteuer, Solidaritätszuschlag und Kirchensteuer

Festsetzung

Art der Steuerfestsetzung

Der Bescheid ist nach § 165 Abs. 1 Satz 2 AO teilweise vorläufig.

Besteuerungsgrundlagen

Berechnung des zu versteuernden Einkommens

Einkünfte

Einkünfte aus nichtselbständiger Arbeit

Summe der Einkünfte

Gesamtbetrag der Einkünfte

[14] 23.10.2019

Berechnung der Steuer

Berechnung des Solidaritätszuschlags

Berechnung der Kirchensteuer

Erläuterungen zur Festsetzung

Rechtsbehelfsbelehrung

Die Festsetzung der Einkommenssteuer und des Solidaritätszuschlags kann mit dem Einspruch angefochten werden.

Gegen die Kirchensteuerfestsetzung und die Festsetzung der Kirchensteuer-Vorauszahlungen ist der Widerspruch gegeben.

Der Einspruch ist bei dem vorbezeichneten Finanzamt oder bei der angegebenen Außenstelle schriftlich einzureichen, diesem / dieser elektronisch zu übermitteln oder dort zur Niederschrift zu erklären.

Der Widerspruch ist bei dem vorbezeichneten Finanzamt oder bei der angegebenen Außenstelle schriftlich einzureichen oder zur Niederschrift zu erklären.

Die Kirchensteuerfestsetzung kann nicht mit der Begründung angefochten werden, dass die zugrunde gelegte Einkommensteuer unzutreffend sei. Dieser Einwand kann nur gegen die Festsetzung der Einkommensteuer geltend gemacht werden.

Zur Einlegung des Widerspruchs ist derjenige befugt, gegen den sich die Kirchensteuerfestsetzung (Festsetzung der Kirchensteuer-Vorauszahlungen) richtet.

Ein Einspruch ist jedoch ausgeschlossen, soweit dieser Bescheid einen Verwaltungsakt ändert oder ersetzt, gegen den ein zulässiger Einspruch oder (nach einem zulässigen Einspruch) eine zulässige Klage, Revision oder Nichtzulassungsbeschwerde anhängig ist. In diesem Fall wird der neue Verwaltungsakt Gegenstand des Rechtsbehelfsverfahrens. Dies gilt auch, soweit sich ein angefochtener Vorauszahlungsbescheid durch die Jahressteuerfestsetzung erledigt.

Die Frist für die Einlegung eines Einspruchs beträgt einen Monat.

Sie beginnt mit Ablauf des Tages, an dem Ihnen dieser Bescheid bekannt gegeben worden ist. Bei Zusendung durch einen einfachen Brief gilt die Bekanntgabe mit dem dritten Tag nach Aufgabe zur Post als bewirkt, es sei denn, dass der Bescheid zu einem späteren Zeitpunkt zugegangen ist.

Hinweis: Entscheidungen in einem Grundlagenbescheid (z.B. Festellungsbescheid) können nur durch Anfechtung des Grundlagenbescheids, nicht auch durch Anfechtung eines davon abhängigen weiteren Bescheids (Folgebescheid) angegriffen werden. Wird ein Grundlagenbescheid berichtigt, geändert oder aufgehoben (z.B. aufgrund eines eingelegten Einspruchs), so werden die davon abhängigen Bescheide von Amts wegen geändert oder aufgehoben.

Zu Ihrer Information:

Wenn Sie beabsichtigen, einen Einspruch elektronisch einzulegen, wird empfohlen, den Einspruch über „Mein ELSTER“ (www.elster.de) oder jede andere Steuer-Software, die die Möglichkeit des elektronischen Einspruchs anbietet, zu übermitteln.

IV. Einspruch:

1. Schreiben an das Finanzamt:[15]

Aktenzeichen

Steuernummer

Sehr geehrter Herr Finanzamtsangestellter,

wie Sie mir am 09.10.2019 telefonisch erklärten, wollten Sie meine Unterlagen noch vor Ort behalten, da Sie offenkundig davon ausgingen, dass ich Einspruch einlegen würde.

Inzwischen ist der Bescheid postalisch bei mir eingetroffen.

Gegen den dritten Abschnitt Ihrer Erläuterungen zur Festsetzung auf Seite 3 möchte ich nun hiermit tatsächlich Einspruch einlegen:

[15] 31.10.2019

„Die geltend gemachten Berufsausbildungskosten konnten nicht anerkannt werden, da keine berufliche Veranlassung aus den eingereichten Kosten ersichtlich ist. Es ist auch nicht ersichtlich, dass aus den vorweggenommenen Berufsausbildungskosten spätere Einnahmen erzielt werden."

Am 06.09.2019 hatten Sie mich schriftlich aufgefordert, „für die Ausbildungskosten ... eine Kostenaufstellung und entsprechende Nachweise" einzureichen. Das habe ich auch getan.

Mit der Weiterbildungsmaßnahme „Körper – Seele – Geist" ließ ich mich zur „Kristallschädelhüterin des Neuen Bewusstseins der Neuen Zeit" ausbilden. Bei Bedarf kann ich Ihnen das Zertifikat gerne einmal zukommen lassen.

Aus der Kostenaufstellung für Ausbildungskosten 2018 geht die Gesamtsumme € hervor. Diese Summe habe ich vollständig für die aufgelisteten Ausbildungsmaßnahmen und Ausbildungsgegenstände bezahlt. Insgesamt habe ich damit auch eine Summe von ca. € an Mehrwertsteuern entrichtet.

Ich bitte hiermit zumindest um anteilige Rückerstattung dieser Summe durch das Finanzamt. Zu behaupten, dass keine späteren Einnahmen durch diese nachweislichen Berufsausbildungskosten erzielt werden können, ist blanke Theorie und Mutmaßung und grenzt nahezu an „prophetische Hellseherei" ... ;-)

Mit freundlichen Grüßen

Steuerzahlerin

2. <u>Schreiben des Finanzamts:</u> [16]

Sehr geehrte Dame, sehr geehrter Herr,

Ihre E-Mail ist beim Finanzamt angekommen und wird an die zuständige Stelle weitergeleitet.

Mit freundlichen Grüßen

Ihr Finanzamt

[16] 31.10.2019

3. Schreiben an das Finanzamt:[17]

Aktenzeichen

Steuernummer

Sehr geehrter Herr Finanzamtsangestellter,

ebenfalls möchte ich Einspruch einlegen gegen den zweiten Abschnitt Ihrer Erläuterungen zur Festsetzung auf Seite 3: „Die geltend gemachten Arbeitsmittel wurden in Höhe von insg. 36,85 € berücksichtigt (Taschenrechner 20,85 €, Kontoführungsgebühren 16 €). Ein weiterer Werbungskostenabzug kommt nicht in Betracht, da keine berufliche Veranlassung glaubhaft gemacht bzw. nachgewiesen wurde."

Am 06.09.2019 hatten Sie mich schriftlich aufgefordert, „die Werbungskosten zu steuerbeg. Versorungsbezügen" und „dauernde Lasten" nachzuweisen. Dieses habe ich daraufhin auch unmittelbar getan. Ich schickte Ihnen eine **Aufstellung der dauernden Lasten 2018 über insgesamt €** und darüber hinaus eine **Auflistung der Werbungskosten zu steuerbegünstigtem Versorgungsbezügen 2018 über €**.

[17] 02.11.2019

Sämtliche unter der Aufstellung dauernde Lasten 2018 aufgelisteten Bücher habe ich im Kalenderjahr sowohl selbst geschrieben als auch veröffentlichen lassen. Die Gesamtsumme der erworbenen eigenen Werke beläuft sich für das Kalenderjahr 2018 auf insgesamt €. Die gezahlte 7%-Umsatzsteuer dementsprechend auf €. Selbige Bücher (über 30 Stück) wurden allesamt an meinem Rechner in meinem Arbeitszimmer innerhalb meines Wohnhauses von mir persönlich erstellt.

Daher bitte ich auch um die Anerkennung sowohl meiner dauernden Lasten als auch um die Anerkennung sowohl der geltend gemachten Gesamtkosten des Arbeitszimmers als auch um die als Werbungskosten abzugsfähige Summe bzw. Summe der sonstigen Werbungskosten und die Summe der sofort abzugsfähigen Arbeitsmittel. Hiermit hoffe ich, die „berufliche Veranlassung“ (s.o.) hinreichend glaubhaft gemacht zu haben.

Mit freundlichen Grüßen

Steuerzahlerin

4. Schreiben des Finanzamts:[18]

Sehr geehrte Dame, sehr geehrter Herr,

Ihre E-Mail ist beim Finanzamt angekommen und wird an die zuständige Stelle weitergeleitet.

Mit freundlichen Grüßen

Ihr Finanzamt

[18] 02.11.2019

5. <u>Schreiben an das Finanzamt:</u>[19]

Aktenzeichen

Steuernummer

Sehr geehrter Herr Finanzamtsangestellter,

bitte bestätigen Sie mir doch kurz, meine beiden E-Mails (vom 31.10.2019 und vom 02.11.2019) bezüglich des Einspruchs erhalten zu haben.

Mit freundlichen Grüßen

Steuerzahlerin

[19] 18.11.2019

6. <u>Schreiben des Finanzamts:</u>[20]

Sehr geehrte Dame, sehr geehrter Herr,

Ihre E-Mail ist beim Finanzamt angekommen und wird an die zuständige Stelle weitergeleitet.

Mit freundlichen Grüßen

Ihr Finanzamt

[20] 18.11.2019

7. Schreiben des Finanzamts:[21]

Aktenzeichen

Steuernummer

Bitte immer angeben!

Einspruch vom 31.10.2019 gegen den Einkommensteuerbescheid 2018 vom 23.10.2019

Sehr geehrte Steuerzahlerin,

1. zur weiteren Bearbeitung Ihres o.g. Einspruchs bitte ich die berufliche Veranlassung der Berufsausbildungskosten umfangreich nachzuweisen. Zudem reichen Sie bitte eine umfangreiche Tätigkeitsbeschreibung ein und teilen mir bitte mit, inwiefern in Zukunft mit Einnahmen zu rechnen ist.

2. Dauernde Lasten:

   - Sie haben Aufwendungen für Essensgeld Kindergarten geltend gemacht. Diese Aufwendungen sind mit dem Kindergeld bzw.

[21] 26.11.2019

Kinderfreibetrag abgegolten und können nicht erneut geltend gemacht werden. Ich bitte Sie in diesem Punkt den Einspruch nicht weiter zu verfolgen und bitte um Stellungnahme.

- Bei den Kosten für Medikamente handelt es sich um außergewöhnliche Belastungen und nicht um dauernde Lasten. Die Kosten sind in diesem Rahmen steuerlich nicht abzugsfähig.

- Hinsichtlich der Aufwendungen für Bücherkauf ist ebenfalls keine berufliche Veranlassung erkennbar. Sollte ein weiterer Kostenabzug gewünscht werden, so ist die berufliche Veranlassung umfangreich nachzuweisen. An dieser Stelle teilen Sie mir mit, dass Sie die Bücher selber schreiben und veröffentlichen. Nach meiner Recherche sind u.a. die Bücher wie beispielsweise „verschiedene Bände" nicht von Ihnen geschrieben. Ich bitte um Sachverhaltsaufklärung.

3. Hinsichtlich der Werbungskosten zu „steuerbegünstigten Versorgungsbezügen" bitte ich ebenfalls die berufliche Veranlassung umfangreich nachzuweisen. Sie teilen mir beispielsweise mit, dass Sie in Ihrem Arbeitszimmer Bücher schreiben und veröffentlichen. Zur weiteren Bearbeitung reichen Sie bitte hierzu entsprechende Nachweise ein, wie beispielsweise verschiedene ISBN Nummern der

Bücher. Es wurden keine Einnahmen für den Bücherkauf erklärt. Ich bitte um Stellungnahme.

Ich bitte Sie, bis **spätestens 20.12.2019** die Unterlagen nachzureichen bzw. die Fragen zu beantworten.

Sofern Sie den Einspruch nicht weiterverfolgen wollen, wäre ich Ihnen für eine Rücknahme mit beiliegendem Vordruck dankbar.

Sollte bis zum genannten Termin keine Nachricht von Ihnen vorliegen, behalte ich mir eine Entscheidung ohne weitere Anhörung vor.

Mit freundlichen Grüßen

Im Auftrag

Finanzamtsangestellter

Anlagen: Erklärung

8. Schreiben an das Finanzamt:[22]

Aktenzeichen

Steuernummer

Sehr geehrter Herr Finanzamtsangestellter,

anbei die erbetenen Unterlagen // Stellungnahmen / Beantwortungen Ihrer Fragen.

Mit freundlichen Grüßen

Steuerzahlerin

[22] 29.11.2019

9. Schreiben an das Finanzamt:[23]

Antwort

Steuernummer

z.Hd. Herr Finanzamtsangestellter

Einspruch vom 31.10.2019

gegen den Einkommensteuerbescheid 2018 vom 23.10.2019

Erklärung

Ich halte den Einspruch aufrecht.

Begründung: liegt gesondert bei.

Steuerzahlerin

Unterschrift(en)

[23] 29.11.2019

10. Schreiben an das Finanzamt:[24]

Aktenzeichen

Steuernummer

Einspruch vom 31.10.2019

gegen den Einkommensteuerbescheid 2018

vom 23.10.2019

Sehr geehrter Herr Finanzamtsangestellter,

Ihr Schreiben vom 26.11.2019 wurde mir mit heutiger Post zugestellt.

Hierzu nehme ich wie folgt Stellung:

---

[24] 29.11.2019

1) <u>Ausbildungskosten:</u>

Die Weiterbildungsveranstaltung „Körper – Geist – Seele“ zur „Kristallschädelhüterin des Neuen Bewusstseins der Neuen Zeit“ war beispielsweise Auslöser für den Kauf erster und weiterer Kristallschädel bzw. Kristall-Ausbildungsgegenstände.

Die gekauften Kristallschädel bzw. Kristall-Ausbildungsgegenstände wiederum bildeten größtenteils die Grundlage für geschriebene bzw. veröffentlichte Bücher mit Titeln wie „Kristallschädel“, „Edelsteinschädel“, „Korallenschädel“, „Quarzschädel“, „Metallschädel“, „Kristallfreunde“ und „Kristallgöttin“ innerhalb des zweiten Verlages (vgl. dazu die Ausführungen unter Punkt 3).

Prinzipiell geht es bei den bereits umfangreich aufgelisteten (vgl. Kostenaufstellung für Ausbildungskosten 2018) und nachgewiesenen Berufsausbildungskosten (vgl. zur Kostenaufstellung der Ausbildungskosten eingereichte Belege) um das Beschreiten eines spirituellen Weges bzw. einer Fortführung desselben. Dies weniger im Hinblick auf zukünftig beabsichtigte finanzielle Einnahmen, sondern um die die Horizonterweiterung für eine potentielle Tätigkeit innerhalb meines erlernten Ursprungsberufes.

2) <u>Dauernde Lasten:</u>

a) Essensgeld Kindergarten: in diesem Punkt beabsichtige ich – Ihrer Bitte gemäß – den Einspruch nicht weiter zu verfolgen;

b) Kosten für Medikamente: in diesem Punkt bitte ich Sie, die Kosten für die Medikamente – Ihrem Vorschlag gemäß – zu den außergewöhnlichen Belastungen zu rechnen;

c) Sachverhaltsaufklärung zu den Aufwendungen Bücherkauf: sämtlich gekaufte Bücher sind von mir – teils unter meinem Geburtsnamen, teilweise auch unter Pseudonym (siehe unter Punkt 3) – geschrieben worden. Daher besteht der Wunsch auf weiteren Kostenabzug auch weiterhin.

3) Werbungskosten:

Es folgt die erbetene Stellungnahme zum Schreiben diverser Bücher innerhalb meines Arbeitszimmers als berufliche Veranlassung hinsichtlich der Werbungskosten zu „steuerbegünstigten Versorgungsbezügen".

Ja, es ist richtig, dass ich in meinem Arbeitszimmer Bücher schreibe, geschrieben habe und vermutlich auch weiterhin schreiben werde.

Leider kann ich Ihnen jedoch die verschiedenen ISBN Nummern der von mir geschriebenen Bücher aus dem Kalenderjahr 2018 aktuell nicht mitteilen, da sich diese auf den eingereichten Rechnungen / Lieferscheinen vom 31.01.2018 bis 26.10.2018 befinden, welche ich unter der Aufstellung dauernder Lasten als Belege an das Finanzamt eingereicht und bislang noch nicht zurückerhalten habe. Auf jeder einzelnen Rechnung befindet sich unmittelbar nach Angabe des Titels eine 13-stellige Zahl (ISBN-Nummer).

Eine Einnahme der Bücher konnte daher nicht erklärt werden, da es keinerlei Einnahmen gibt. Beim Kauf eines selbst geschriebenen Buches erhält man (sofern es beim Kauf elektronisch verbucht werden kann) als Autor/in einen sog. Autorenrabatt in Höhe von 15,0%, der ebenfalls auf jeder Rechnung / auf jedem Lieferschein gesondert unter der Rubrik „Rabattsatz / Rabattbetrag" aufgelistet wird.

Sollte eine „fremde“ Person auf die Idee kommen, sich eines der von mir geschriebenen Bücher käuflich zu erwerben, wird dafür ein sog. „Gutscheincode“ erstellt, der jedoch nur beim Kauf eines weiteren Buches aus demselben Verlag eingelöst werden kann. Die Summe des sog. „Gutscheins“ wird unterhalb der Zeile „Rechnungsbetrag“ auf jeder Rechnung / jedem Lieferschein gesondert mit dem jeweilig benutzten Gutscheincode aufgeführt, anschließend erscheint auf der Rechnung / dem Lieferschein der schlussendlich „zu zahlende Betrag“.

Da es sich für das Kalenderjahr 2018 um 31 einzelne Rechnungen über jeweils mindestens ein gekauftes Buch handelt, werde ich im Jahr 2018 dementsprechend über 30 Buchtitel geschrieben und in den jeweiligen Verlagen veröffentlicht haben.

Der erste Verlag führt meine Bücher unter meinem Geburtsnamen, der zweite Verlag veröffentlicht meine Bücher unter den beiden Pseudonymen. Die von Ihnen erwähnte Buchreihe erschien im zweiten Verlag beispielsweise unter dem oben erwähnten Pseudonym.

Mit freundlichen Grüßen

Steuerzahlerin

11. Schreiben an das Finanzamt:[25]

Aktenzeichen

Steuernummer

Sehr geehrter Herr Finanzamtsangestellter,

ich habe mir nun doch noch die Mühe gemacht, die verschiedenen ISBN Nummern der Bücher ausfindig zu machen, ohne dass mir die dazu gehörigen Rechnungen / Lieferungsscheine vorliegen.

Im Anhang finden Sie eine Auflistung der nach Verlag und Name sortierten Bücher, die im Jahr 2018 geschrieben worden sein müssten (die genauen Daten liegen mir nicht vor).

Mit freundlichen Grüßen

Steuerzahlerin

[25] 29.11.2019

Printed by Books on Demand GmbH, Norderstedt / Germany